Rene Gonzalez Architects

Not the Little House on the Prairie
(No) la pequeña casa en la pradera

Texts · Textos:
Cecilia Hernández Nichols
Charles Renfro

Photographs · Fotografías:
Michael Stavaridis

Arquine

Charles Renfro

Revealed

Prairie Residence suggests something out of the Midwest, designed by Frank Lloyd Wright perhaps, but a touch fancier. This vague tribute, while unintentional, is instrumental. González's work is firmly rooted in the timeless traditions of Modernism, and this house pays homage to several masters of the 20th century, including Wright, without resorting to knee-jerk mimicry or pastiche. The Prairie Residence is familiar at a glance: we know this world of simple planes, honest and industrial materials, and indoor-outdoor connections.

Or do we? Its recognizable features are almost a camouflage that conceal a top-to-bottom update, from aesthetics, to sustainability, and to lifestyle. Located on Prairie Avenue in Miami Beach just steps away from the bustling Miami Beach Convention Center, René González's masterwork on domesticity responds to its unorthodox setting. Rather than a conventional, ground hugging nuclear family dwelling, it is a floating, provocative reinterpretation of both the house and the family. What makes the Prairie Residence a masterwork is that it challenges our preconceived ideas—and ideals—in such an elegant, holistic, and effortless fashion. These innovations happen in thin air, in the voids between elements. They happen in the reveal.

REVEALS OF THE 20TH CENTURY

One of the most profound early modern reveals can be found in Adolf Loos' American Bar. Built in 1908 at the height of Viennese Modernism, its snug art deco banquettes and lush wood wall paneling give way to a three-sided strip of

Revelado

La residencia de Prairie Avenue sugiere algo del Oeste medio estadounidense, diseñado tal vez por Frank Lloyd Wright, pero un poco más lujoso. Ése es un vago tributo, que aunque no intencionado, es fundamental. El trabajo de González tiene raíces profundas en tradiciones atemporales del modernismo del siglo XX, y esta casa rinde un homenaje a varios de los maestros de esa época, incluyendo a Wright, pero sin caer en lo predecible de la imitación o el pastiche. La casa de "Prairie Avenue" resulta familiar a un primer vistazo: ya conocemos este mundo de planos simples, de materiales industriales honestos, y de conexiones entre el interior y el exterior.

Pero, ¿sí lo conocemos? Sus características reconocibles son casi un camuflaje que oculta una actualización, de arriba a abajo, del modernismo, desde la estética a la sustentabilidad y el estilo de vida. Localizada en Prairie Avenue, a unos pasos del animado Centro de Convenciones de Miami Beach, la obra maestra de la domesticidad de René González responde a una situación poco ortodoxa. Más que un convencional terruño destinado al núcleo familiar, se trata de una interpretación flotante y provocativa tanto de la vivienda como de la familia. Lo que hace de esta residencia un trabajo magistral es que reta ideas e ideales preconcebidos de una manera elegante y holística, sin demasiado esfuerzo. Tales innovaciones suceden en el aire, y en los vacíos entre los elementos del edificio; suceden como una revelación.

REVELACIONES DEL SIGLO XX

Una de las revelaciones más profundas de principios del Movimiento Moderno se encuentra en

mirror between head height and the ceiling. The grid of faux beams lacing the ceiling appear to extend to infinity, giving this cozy room the uncanny aura of a monumental industrial space. This unexpected trompe-l'oeil is a well-placed reveal that reflects the past, including its gilded aesthetics, while alluding to a future of unbridled modernity. A trick that portends progress.

A year later, at the Robie House, Wright detaches roof from walls with continuous ribbons of half or full height glass with no discernable means of support. This bold move, which would be recalled in the Prairie Residence, dismembers the house into a discrete series of planes: floor, wall, roof. The glass opens the house to the surrounding landscape and swallows it inside. While the windows presage the utilitarian curtain wall that would become commonplace just six miles north in downtown Chicago, the Robie House is still a slave to decoration. Its opaque surfaces are covered in a tangle of molding and trim; its windows are filled with handsome but frilly stained glass. This was self-obsessed architecture that made little effort to welcome its residents and that espoused transparency without quite delivering truth.

Built in 1928, Pierre Chareau's Maison de Verre in Paris suggests an alternative approach to domestic modernism. The house, made for a gynecologist, included his private office, which could be converted into and out of public space using ingenious moving screens and partitions. Selective transparencies—between floating stair treads or through perforated screens and glass—were made possible by the domestication of steel, concrete, and other industrial materials. Glimpses into the examination rooms, including the bodies within, seem natural. Here, transparency, through voids and through glass, is a way of telling the truth, of concealing nothing. The Maison de Verre manages to

el Bar Americano de Adolf Loos, construido en 1908, durante el clímax del modernismo vienés. En el interior, sus cómodas bancas decó y sus paredes cubiertas de exuberantes acabados de madera dan cabida a líneas de espejo, de tres caras, situadas entre la altura de la cabeza del usuario y el cielorraso, de tal manera que la trama de vigas falsas que se entrelazan en el cielorraso parece extenderse hasta el infinito al reflejarse en los espejos, dando al acogedor salón un aura extraña de espacio industrial monumental. Ese trampantojo inesperado se convierte en una revelación perfecta que refleja el pasado, incluyendo su dorada estética, y alude al futuro de una modernidad sin riendas, como un truco que presagia progreso.

Un año después, en la Casa Robie, Wright libera el techo de los muros con listones continuos de vidrio a completa y media altura, y, aparentemente, sin soportes. Esa estrategia audaz, que también se encuentra en la Residencia de Prairie Avenue, desmiembra la casa para formar una serie discreta de planos: piso, muro, techo. El vidrio abre la casa al paisaje circundante y se lo traga hacia el interior. Mientras, las ventanas presagian el utilitario muro cortina que se convertirá en un elemento común a diez kilómetros al norte en el centro de Chicago, pero la Casa Robie todavía es esclava de la decoración. Sus superficies opacas están cubiertas por una maraña de molduras y adornos; sus ventanas tienen atractivos, aunque rebuscados, vitrales. Ésta era una arquitectura obsesionada consigo misma que se esforzaba poco en recibir a sus residentes y que adoptaba la transparencia sin mostrar del todo la verdad.

En 1928, la Casa de Vidrio de Pierre Chareau, ubicada en París, sugiere un enfoque distinto a la domesticidad moderna. La casa, construida para un ginecólogo, incluye su despacho privado, el cual puede convertirse en un espacio cerrado, sin acceso al público, gracias a un ingenioso sistema

both welcome *and* destigmatize the body while doing so with cold, hard steel. Modernism was beginning to accept the body, but had not yet become an extension of it.

THE REVEAL, REVEALED: THE PRAIRIE RESIDENCE

The concrete, steel, glass, and wood at the Prairie Residence are also hard materials. But they are rendered in warm and inviting hues that reflect the colorful glow of bodies. Concrete, cast in place and hanging perilously in thin air, is smooth and tan. Elegant wood paneling lines the ceilings and wood slats create surface relief on exterior walls, both of which approach decoration without compromising their dimensional, off-the-shelf nature. Oxidized bronze stairs, reminiscent of Chareau's Maison de Verre stair, land on a softly sculpted coquina stone, offsetting the toughness of the bronze and challenging the utilitarian materials found throughout the house. These are not the materials of industrial, commercial modernism.

But the Prairie Residence's spatial qualities set it apart from its modernist forebears. The main living space virtually dissolves into an exterior pool slot and rear yard thanks to floor to ceiling sliding glass doors that invite the tropical weather inside. The resulting court is both room and piazza, around which the remaining sleeping quarters aggregate into an urban assemblage. The views from the living space pierce the pool slot and penetrate back into private areas on the opposite side of the house. Spaces unfold into each other with few walls and fewer doors. Framed openings, where doors might have been, are wedged between masses of disparate materials. These overscaled reveals are just large enough for a body, heat, or a sly gaze to slip through. There is no privacy, but then again nor is there any blatant exposure. A

de mamparas y paneles retractables. La transparencia selectiva —entre escaleras flotantes o mediante biombos perforados y vidrio—, resultó posible gracias a la domesticación del acero, el concreto y otros materiales industriales. Por medio de ello, se hace natural poder ver rápidamente el interior de los consultorios, incluyendo los cuerpos que los ocupan. Allí, la transparencia, lograda a través de vidrios y vacíos, es una manera de decir la verdad y de esconder nada. La Casa de Vidrio logra recibir y desestigmatizar el cuerpo humano al mismo tiempo, y lo hace usando frío y duro acero. El modernismo estaba empezando a aceptar el cuerpo humano, pero aún no se había convertido en una extensión del mismo.

LA REVELACIÓN REVELADA: LA CASA DE PRAIRIE AVENUE

El concreto, el acero, el vidrio y la madera de la Casa de Prairie Avenue también son materiales duros. Pero fueron trabajados en tonos cálidos y atractivos que reflejan el colorido brillo de los cuerpos que la habitan. El concreto, encofrado *in situ,* que flota precariamente en el aire, es terso y bronceado. Elegantes paneles de madera recubren los cielorrasos mientras bajorrelieves son formados por las tablas que recubren las paredes exteriores, acercándose a lo decorativo, pero sin comprometer su naturaleza de producto de catálogo. Las escaleras de bronce oxidado, que recuerdan la escalera de la Casa de Vidrio de Chareau, descansan sobre una piedra de coquina ligeramente esculpida, compensando la dureza del bronce y desafiando los materiales utilitarios que se encuentran en toda la casa. Éstos no son ya los materiales del modernismo industrial y comercial.

Pero las cualidades espaciales de la Casa de Prairie Avenue la distinguen de sus antecedentes modernistas. La sala principal se disuelve virtualmente en una ranura que forma la piscina

dense thicket of vegetation surrounds the house, balancing visibility and concealment, voyeurism and exhibitionism. The house doesn't so much put the owner on display; rather, it becomes a protagonist in his life, at times assertive, at times subtle, but always exuding a calm confidence which would seem to mirror his self-assurance. The house, designed by a gay man, is itself corporeal. Its spatial moves are performative and interactive, contributing to its sensual and playful occupation. A beach house, is, after all, a place of retreat where the body is to be indulged.

Paul Rudolph's Florida houses and California's case study houses are some of the best-known modern houses in America, but the beach house was granted the most freedom in aligning modern design with contemporary lifestyles. The houses developed for the emerging gay communities of Fire Island during the 1960s adopted some of the most basic principles of modernism—simple, utilitarian forms, natural local materials, and expanses of operable glass that merge indoors and outdoors. They often eschewed modern luxuries like air conditioning, screens, and laundry machines, preferring instead to encourage cleaner, simpler and sensuous living in communion with nature. The architecture itself is sex positive, literally naturalizing homosexuality by intertwining it with the environment. Horace Gifford's early works in the Fire Island Pines treated a beach outing almost like camping. Living rooms were oversized while tiny bedrooms were deprived of en suite bathrooms, requiring residents to abandon their privacy and emerge onto a shared stage to attend (or celebrate) their most basic bodily functions. These shared spaces often lacked walls separating them from the outside world, operating as voids—as reveals. Rather than a shadow between two materials on the edges of space as one would typically find in Modernism, these reveals became fully occupied

exterior y el patio posterior, esto gracias a las puertas corredizas de vidrio que se extienden de piso a techo, ingresando el paso del clima tropical al interior. El patio resultante es a la vez habitación y plaza, alrededor del cual los dormitorios se agrupan a manera de conjunto urbano. Las vistas desde la sala principal atraviesan la piscina y penetran en las áreas privadas en el lado opuesto de la casa. Los espacios se despliegan uno en otro con pocas paredes e incluso menos puertas. Las aberturas enmarcadas, donde podrían haber estado las puertas, están acuñadas virtualmente entre masas de materiales dispares. Estas revelaciones sobredimensionadas son del tamaño justo para permitir que se deslice entre ellas un cuerpo, el calor o una pícara mirada. No hay privacidad, pero tampoco hay exposición flagrante. Un denso matorral de vegetación rodea la casa, equilibrando visibilidad y obstrucción, voyerismo y exhibicionismo. La casa no muestra tanto al propietario; más bien, se convierte en protagonista de su vida, a veces de manera asertiva, a veces más sutil, pero siempre exudando una confianza tranquila que parecería reflejar en sí misma la seguridad de su dueño. Esta casa, diseñada por un hombre homosexual, es en sí misma corpórea. Sus estrategias espaciales son performativas e interactivas, contribuyendo a su ocupación sensual y juguetona. Una casa de playa es, después de todo, un lugar de retiro donde el cuerpo debe ser complacido.

Las casas de Florida diseñadas por Paul Rudolph y las casas experimentales Case Study de California son algunas de las construcciones modernistas más conocidas en Estados Unidos, pero a la casa de playa se le otorgó la mayor libertad para alinear el diseño moderno con los estilos de vida contemporáneos. Las casas diseñadas para las comunidades emergentes gay de Fire Island, durante la década de 1960 adoptaron algunos de los principios más básicos del modernismo: formas simples y utilitarias, materiales locales

transitional zones. From the dark in-between-ness of a reveal, a new lifestyle had emerged. The historically marginalized queer community had gained its own architectural language from the margins of modern architecture: the reveal.

The Prairie Residence starts with a big reveal: it is entirely elevated above its lot. The additional height acknowledges a future of floods wrought by global warming, but it also relishes its detachment from the real world into a magical realm of boughs, leaves, branches and bodies. The retractable stair to the lower level is like a steel and cable velvet rope, inviting in only those on the guest list before shutting back tight. Above it, there is no roof. New arrivals are baptized by rain as they climb through the gap—a kind of sensuous hazing ritual. Guests are then ushered through the uncovered pool 'piazza' before reaching their rooms, putting their wet bodies on stage in a move reminiscent of Gifford. González's sectional parti sketch of the residence is made up entirely of independent elements, as if it had been blown apart. All the fragments are suspended in mid-air, none touching the next. The steel structure required to support such levitation is an engineering sleight of hand, receding to the point of invisibility within the reveals. As the floating walls trace the periphery of the roofline, they allow sunlight to permeate the house, washing all the angled walls with ethereal South Florida light. The house is entirely defined by the reveal. The reveal as separation from ground. The reveal as stage. The reveal as communion with nature. The reveal as connection between bodies. The reveal as a place of penetration, whether of sunlight, the gaze, or the body.

Is this blown-up modernism, a house made of fragments and gaps, also a new gay architecture? If so, it is but one of the many ways this

naturales y vanos de vidrio corredizo que fusionan interior con exterior. A menudo, evitaban los lujos modernos como el aire acondicionado, las mamparas y las máquinas lavadoras, prefiriendo en cambio fomentar una vida más limpia, sencilla y sensual en comunión con la naturaleza. Esta arquitectura, en sí, incluye el sexo, literalmente naturalizando la homosexualidad al entrelazarla con el medio ambiente. En los primeros proyectos de Horace Gifford en Fire Island Pines, una salida a la playa se diseñaba casi como un campamento. Las salas de estar eran de grandes proporciones, mientras que los pequeños dormitorios carecían de baños; lo que requería que los residentes abandonaran su privacidad y salieran a un escenario compartido para cumplir (o celebrar) sus funciones corporales más básicas. Estos espacios compartidos a menudo carecían de paredes que los separaran del mundo exterior, operando como vacíos, como revelaciones. En lugar de una sombra entre dos materiales en los bordes del espacio, como se encontraría típicamente en la arquitectura modernista, estas revelaciones se convirtieron en zonas de transición completamente ocupadas. Del oscuro intermedio de una revelación, surgía un nuevo estilo de vida. La comunidad _queer_, históricamente marginada, había adquirido su propio lenguaje arquitectónico desde los márgenes de la arquitectura moderna: la revelación.

La Casa de Prairie Avenue comienza con una gran revelación: está completamente elevada sobre su lote. La altura adicional reconoce un futuro de inundaciones provocadas por el calentamiento global, pero también disfruta de su desapego del mundo real en un reino mágico de ramas, hojas, chamizas y cuerpos. La escalera retráctil al nivel inferior es como una cuerda de terciopelo de acero y cable, que invita a entrar, antes de cerrarse herméticamente, sólo a los que están en la lista de invitados. Por encima no hay techo, los recién llegados son bautizados por la lluvia mientras suben por la brecha, en

compact and complex house performs, one that in so many ways pull modernism forward into a brave new world of sensuality, sexuality, and lifestyle. Within it, social progress has found a new architecture.

una especie de rito sensual de iniciación. Luego, los invitados son conducidos a través de la "plaza" de la piscina descubierta antes de llegar a sus habitaciones, poniendo sus cuerpos mojados en el escenario en una acción que recuerda a Gifford. El esquema de partida de la residencia de González se compone enteramente de elementos independientes, como si hubieran sido explotados. Todos los fragmentos están suspendidos en el aire, ninguno toca al siguiente. La estructura de acero requerida para soportar tal levitación es un juego de prestidigitación ingenieril, retrocediendo hasta el punto de la invisibilidad dentro de las revelaciones. A medida que las paredes flotantes trazan la periferia de la línea del techo, permiten que la luz del sol penetre en la casa, bañando todas las paredes angulares con la luz etérea del sur de la Florida. La casa está completamente definida por la revelación. La revelación como separación del suelo. La revelación como escenario. La revelación como comunión con la naturaleza. La revelación como conexión entre cuerpos. La revelación como lugar de penetración, ya sea de la luz del sol, de una mirada o de un cuerpo.

¿Es esto modernismo estallado, una casa hecha de fragmentos y huecos, una nueva arquitectura gay? Si es así, es sólo una de las muchas formas en que esta casa compacta y compleja funciona; una de las muchas maneras en que impulsa el modernismo hacia un mundo nuevo y valiente de sensualidad, sexualidad y estilo de vida. En él, el progreso social ha encontrado una nueva arquitectura.

Cecilia Hernández Nichols

Natural Vectors

Vectores naturales

I met René and Mauricio in Miami recently to take a long, conversation-heavy tour of their Prairie House. My plan was to linger at the house while talking about the design process, hearing what they thought their long relationship brought to the table and the ways in which the project reflects their current thinking as designers.

René and Mauricio were born in Havana, Cuba and Medellin, Colombia respectively. Both have a love for the natural world. They each carry in their veins a deep love and understanding of the cultural home environments that formed their upbringing, a connection which plays a huge role in their design thinking today. Since meeting in 1995 at Florida International University as student, Mauricio, and teacher, René, they have also been inseparable friends. They collaborate often bringing their shared heritage to bear on projects. At the Prairie House I see a particularly fruitful overlapping of circumstances, starting with their aligned cultural and geographic roots.

As far back as his graduate thesis at UCLA, René had been developing ideas for dwelling several feet above the ground, where pier foundations make way not for Le Corbusier's automobiles, but for water, air and vegetation. His early studies were of native dwellings located in coastal areas and the Everglades Swamps, but the thinking anticipated rising waters due to climate change and thus provided the foundational thinking for the Prairie House project.

Essential conditions for success were in place from the inception of the project: a willing client, deep mutual respect and shared sensibilities

Me encontré con René y Mauricio recientemente, en Miami, para hacer un recorrido largo y profundo de una casa localizada en Prairie Avenue, uno de los proyectos en el que ellos habían colaborado como arquitecto y paisajista, respectivamente. Mi plan era caminar lentamente por la casa mientras hablábamos sobre el proceso de diseño. Yo quería entender cómo su larga amistad había influenciado el proceso creativo y la forma en que el proyecto reflejaba sus ideas como diseñadores.

René y Mauricio nacieron en La Habana, Cuba, y Medellín, Colombia, respectivamente. Ambos aman el mundo natural y cada uno de ellos lleva en sus venas un profundo amor y comprensión por el entorno cultural de los lugares donde crecieron, lo cual crea una conexión entre ellos que juega un papel muy importante en sus ideas como diseñadores. Desde que se conocieron en 1995 en la Universidad Internacional de Florida como estudiante (Mauricio) y profesor (René), han sido amigos inseparables y han colaborado a menudo en proyectos en los que su mutua herencia cultural se hace evidente. En la casa de Prairie Avenue es palpable la fructífera superposición de circunstancias comunes, comenzando con el alineamiento de sus raíces geográficas y culturales.

Ya en su tesis de posgrado en la Universidad de California, Los Ángeles (UCLA), René había estado desarrollando ideas para viviendas elevadas a varios metros sobre el suelo, donde las columnas y cimientos no daban paso a los automóviles de Le Corbusier sino al agua, el aire y la vegetación. Sus primeros estudios fueron viviendas locales ubicadas en áreas costeras y pantanosas de los Everglades, pero tal concepto anticipó el aumento del nivel del mar debido al cambio climático y,

between designers as well as a municipality grappling with local effects of climate change. The brief was clear.

Mauricio: You know how in the beginning of a project you have to spend a lot of time with your client and find out who they are? We didn't have to do that here. The three of us knew each other very well. This was like the perfect storm. The client wanted to commission this house because he wanted something unconventional. At the same time, the City of Miami Beach was in the midst of a highly political project to address climate change which is causing annual flooding of the islands. It was an accelerated design process. René had found inspiration from the red mangrove trees, which use their prop roots to thrive at sea level along sea shores. The relationship was tight between us and the Miami Beach environmental situation was dire.

The house, which I had visited during construction and soon after its completion, is extraordinary and has only improved as the landscape has matured. A short description: the dwelling hovers entirely above the ground plane—a lush garden covers most of the site contributing color, texture, fragrance, shade, and the capacity to absorb enormous quantities of water. A level above the garden, occupiable pavilions are joined together only by light metal walkways that are porous to daylight and rainwater. The owner and guests sleep and bathe in their own discrete pavilions. The common living area is lightly bounded by walls made of sliding panels that give way to an elevated courtyard, tropical vegetation, and the surface of an elevated pool. The easily accessible roof offers another garden, a tree canopy of sorts.

por lo tanto, proporcionó ideas fundamentales para el proyecto de la casa en Prairie Avenue.

Las condiciones esenciales para un resultado exitoso estuvieron presentes desde el inicio del proyecto: un cliente dispuesto, un profundo respeto mutuo y sensibilidades estéticas compartidas entre los diseñadores, así como una municipalidad que lidiaba con los efectos locales del cambio climático. El informe era claro.

Mauricio: ¿Sabes que, al comienzo de un proyecto, tienes que pasar mucho tiempo con tus clientes para entender quiénes son? No tuvimos que hacer eso en este caso porque los tres nos conocíamos muy bien, fue como una alineación perfecta: el cliente encargó el diseño de la casa porque quería algo fuera de lo convencional, mientras que la alcaldía de Miami Beach se encontraba en medio de un proyecto altamente político para abordar el cambio climático que estaba provocando inundaciones constantemente en la ciudad. Tal situación creó un proceso de diseño acelerado, ayudado por la inspiración que encontró René en el mangle rojo. Este árbol usa sus raíces zanco para sostenerse y vivir sobre el nivel del mar, a lo largo de costas tropicales y subtropicales. La relación entre cliente y diseñadores era estrecha mientras que la situación ambiental de Miami Beach era terrible.

La casa, que visité durante la construcción y poco después de que se terminara, es extraordinaria y sólo ha mejorado a medida que el paisaje ha madurado. Una breve descripción: la vivienda flota completamente sobre el terreno mientras un exuberante jardín cubre la mayor parte de la propiedad, aportando color, textura, fragancia, sombra y la capacidad de absorber enormes cantidades de agua. A un nivel por encima del jardín, los pabellones de las habitaciones están unidos solamente por un puente de reja metálica que permite el paso de la

PLANTS TAKE IN HUMIDITY THROUGH THEIR LEAVES

In advance of the tour, we met at René's apartment for a quick juice and to gather the party. Sitting in René's living room, Mauricio fondled the large leaf of a house plant. "He does that unconsciously," says René. "You haven't been spraying it with water," replied Mauricio. "Water helps to control pests and plants take in humidity through their leaves." This exchange leads to a conversation about sustainable design as we drive.

> René: I'm not an environmental academic. I've never been someone interested in research and in becoming the foremost expert on sustainable architecture. But at the end of the day, if you're acting responsibly and in a way that's natural, the right moves become obvious. If it rains and trees get wet, wouldn't it be obvious that you need to spray the leaves of your houseplants to keep them healthy? Similarly, isn't it obvious that if air filters through the house and in-between spaces that you would have a cooler house? These passive systems can be utilized to make a project sensitized to the environment. This has always been a driving force in my work and it manifests especially in this house.

We talk a bit about the role of intuition in design. René wonders about the intuition one might associate with Frank Gehry's work, yielding highly sculptural forms that conceal traces of the design process. If René's work is intuitive, as he says, it's not the kind of intuition that engenders sculptural forms. Rather, René's internal compass tells him how to site a building in a particular place and to anticipate the influence natural systems will have on the design process. It guides him on how to meet the ground and the sky in ways that don't fight native conditions, and thus produce

luz del día y al agua de lluvia. El dueño de casa y sus visitantes duermen y se bañan en sus propios pabellones privados. La sala y áreas de reunión están ligeramente delimitadas por puertas de vidrio corredizas que dan paso a un patio elevado, vegetación tropical y la superficie de agua de la piscina elevada. El techo, de fácil acceso, ofrece otro jardín a la altura de las copas de los árboles.

LAS PLANTAS ABSORBEN HUMEDAD A TRAVÉS DE SUS HOJAS

Antes de visitar la casa, nos vimos en el departamento de René para tomar un jugo rápidamente y reunir al grupo. Sentado en la sala del departamento, Mauricio acaricio una hoja grande de una planta del interior. "Lo hace subconscientemente", comentó René. "No la has estado rociando con agua", respondió Mauricio. "El agua ayuda a controlar las plagas, además las plantas absorben humedad a través de sus hojas". Este intercambio condujo a una conversación sobre diseño sostenible mientras conducimos:

> René: No soy un académico del medioambiente. Nunca he estado interesado en la investigación o en convertirme en el máximo experto en arquitectura sostenible, pero pienso que, si actúas de manera responsable y natural, las decisiones correctas se hacen obvias. Si los árboles se mojan cuando llueve, ¿no sería obvio que necesitas rociar las hojas de tus plantas del interior del departamento para mantenerlas saludables? Del mismo modo, ¿no es obvio que, si el aire se filtra a través de la casa y los espacios intermedios, se puede tener una casa más fresca? Estos sistemas pasivos se pueden utilizar para construir un proyecto sensible al medioambiente. Esto siempre ha sido una guía en mi trabajo y se manifiesta especialmente en esta casa.

Hablamos un poco sobre el papel de la intuición en el proceso de diseño. René se pregunta

architectural works that are gorgeous, innovative (even shocking), and yet have an apparent ease, an obviousness, in their ability to reflect and conform to their immediate surroundings. If the Prairie House is an astute response to its immediate environmental conditions, it's not because the architecture is informed by technical or quantitative analysis. Rather, René's intuitive response brings a kind of biomimicry that comes to him quite naturally.

These foundational design principals get the structure out of the way of the natural conditions present on the site: water, vegetation, sunlight, breeze. The result is an architecture, and in turn program, in which components never consolidate into an aggregated whole. Rather, program pieces throughout are separated horizontally and vertically, not by voids as much as arteries that thread the various natural vectors through the project.

> René: It's so integrated into the landscape and it becomes more so every day as the landscape matures. How can a project that is floating above the ground be so integrated to the environment? You shouldn't be able to feel this connected to nature in such a narrow space... in this tight urban lot. There's no space for the landscape yet it's all about the landscape enveloping and piercing the architecture. That is why the architecture is so porous, encouraging the landscape to penetrate.

ROOTS & WATER—GROUND

Entering through the garden gate just off the busy intersection of Prairie Avenue and Dade Boulevard, the tour immediately defers to Mauricio. You are on the site but the building isn't yet part of the action. The garden fills the full extent of the lot. It serves as both a contemplative garden, the source of cool air as the stack

acerca del tipo de intuición que uno podría asociar con el trabajo de Frank Gehry, que produce formas altamente escultóricas que ocultan rastros de tal proceso. Si el trabajo de René es intuitivo, como él dice, no es el tipo de intuición que engendra formas esculturales; más bien, su brújula interior lo guía en cómo ubicar un edificio en un lugar particular de un terreno y anticipar la influencia que tendrán los sistemas naturales en el diseño. Lo guía en cómo encontrar el suelo y el firmamento de maneras que no vayan contra las condiciones nativas y, por lo tanto, produzcan obras arquitectónicas que sean magníficas, innovadoras (incluso impactantes) y que, sin embargo, tengan una aparente facilidad, una obviedad, en su capacidad de reflejar y amoldarse a su entorno inmediato. Si la Casa de Prairie Avenue es una respuesta astuta a las condiciones ambientales inmediatas, no es porque la arquitectura sea el resultado de un análisis técnico o cuantitativo; más bien, es la respuesta intuitiva de René la que crea una especie de biomimetismo que él encuentra de forma natural.

Estos principios fundamentales de diseño apartan la estructura del camino de las condiciones naturales presentes en el terreno: agua, vegetación, luz solar y brisa, resultando en una arquitectura al tiempo que en una zonificación de espacios en la que los componentes nunca se consolidan en un todo agregado. Más bien, las piezas de la zonificación están separadas horizontal y verticalmente, no tanto por vacíos como por arterias que enhebran los diversos vectores naturales a través del proyecto.

> René: La casa está muy integrada con el paisaje, y cada día más, a medida que el paisaje madura. ¿Cómo es que un proyecto que está flotando sobre el terreno puede estar tan integrado a su entorno? Uno no debería poder sentirse tan conectado con la naturaleza en un espacio tan estrecho..., éste es un lote urbano estrecho, no hay espacio para plantar. Sin embargo, el paisaje envuelve y perfora la

effect pulls the air from this shady environment up past the cascading water of the elevated pool, as well as the platform from which the plants and trees that appear as characters on the living level above originate.

Mauricio: René had to lower the building because of the height restriction. So we started by digging down, which made my work more difficult but it was also a gift. We just needed to deal with the rain, embrace the water and see how it works. Standard stormwater management practice is to get the water off site as soon as possible so the engineer says, "OK, here we need three, four or five drains and we get the water out of here quickly." Yet, we didn't need any drains here. We had to fight with the city for permission to naturally filtrate the site. We had to prove that the water would percolate. So I prepared the grading for the mounds. The idea is that the mounds occur close to the columns so that they take the water away from the architecture and then it goes to an area where it's ok for the water to collect. I designed these low retention areas and I sent it to the engineer. He said, "If it is built the way you have designed it, it works with no drains." Prairie became a rain garden.

BRANCHES & LEAVES

The transition from ground plane to the dwelling above begins on the first tread of a delicately detailed retractable stair. It functions as much as a floating dock as it does a stair. One could imagine arriving here by boat, in high water. At the top landing we find ourselves again outdoors, or maybe better to say, not indoors. There is a bit of ambiguity: where is the house? Is it big? Is it in front of me or behind? Green leafiness is among the strongest impressions: big paddles of dark green vines dangle from above and bark-covered branches intrude from below.

arquitectura. Por eso la arquitectura es tan porosa, porque ella estimula la penetración del paisaje.

RAÍCES Y AGUA—SUELO

Al ingresar por la puerta del jardín, justo al lado de la concurrida intersección de Prairie Avenue y Dade Boulevard, el recorrido de inmediato queda a cargo de Mauricio. Estamos en el lote, pero el edificio aún no es parte de la acción. El jardín ocupa toda la extensión del lote. Sirve, a su vez, como un jardín contemplativo: el origen del aire fresco es succionado del entorno sombreado por el vacío creado alrededor de la cascada de la piscina elevada. También, funciona como plataforma desde la cual surgen las plantas y los árboles que aparecen como personajes en el nivel habitable de la casa.

Mauricio: René tuvo que bajar el edificio debido a restricciones de altura, así que empezamos por excavar el terreno, lo que dificultó mi trabajo, pero también fue como un regalo. Sólo necesitábamos lidiar con la lluvia, aprovechar el agua y ver cómo se movía en la propiedad. La práctica común de manejo de aguas pluviales es sacar el agua del terreno lo antes posible, por lo que el ingeniero dice: "Está bien, aquí necesitamos tres, cuatro o cinco drenajes y nos deshacemos del agua rápidamente". Sin embargo, aquí no usamos desagües. Tuvimos que pelear con la alcaldía por el permiso para filtrar naturalmente el terreno, tuvimos que demostrar que el agua se filtraría naturalmente. Así que preparé un plano de niveles que incluía una serie de montículos, los cuales se posicionarían cerca de las columnas para desviar el agua desde la arquitectura hacia áreas bajas de acumulación. Envié el dibujo al ingeniero civil y él dijo: "Si se construye de la manera como lo has diseñado, funcionará sin desagües". De esa manera el jardín se convirtió en un jardín de lluvia.

This impression astonishes, as nothing is planted at this level. The dense flora that permeates the middle layer of the project is either rooted in the ground below, or cascading down from the roof garden above.

> Mauricio: At the main level of the house you are at an unfamiliar position relative to the trees. Yes, you can often see trees from the inside of a house when you are at an upper level but to walk amongst them is different. You are literally in their canopy.

Mauricio opens the two living room glass walls and we are now in an expanded living space that includes the pool, courtyard and facades of the guest pavilions. An irregular scrim of vines falling from above creates a green foreground to the Strangler Fig branches beyond. He notices the Screw Pine specimen that's at the end of the pool showing off a new fruit and tells us it is a cultivar that he had never seen before and that this one, produces fruit bigger than pineapples.

Activity on the living level pinwheels around the long narrow pool at the center of the courtyard. The pool, in turn, all but kisses bits of the house, the top of the water flush with the interior floors and exterior walkways.

> Mauricio: The pool is very inviting. It is like a large communal bathtub. The base of the pool, anchored at the garden level, creates a strong presence in the lower garden. Water cascades down the walls enhancing the space below. It's not every day that you park your car in a garden that has a water feature.

SKY

> René: One of the big ideas is that everything feels like it's floating. It's like a box where the flaps don't close. The structural columns

RAMAS Y HOJAS

La transición del plano del suelo a la vivienda de arriba comienza en el primer peldaño de una escalera retractable que ha sido delicadamente detallada. Funciona tanto como un muelle flotante que como una escalera. Uno podría imaginarse llegando aquí en un bote, durante una inundación. En el descanso superior nos encontramos de nuevo afuera o, mejor dicho, no en el interior. El espacio es ambiguo: ¿dónde está la casa? ¿Es grande? ¿Está delante de mí o detrás de mí? La frondosidad verde es una de las impresiones más fuertes que provoca el ambiente: ramas de enredaderas de color verde oscuro cuelgan desde el techo y cortezas cubiertas de ramas aparecen desde abajo. Esta impresión asombra, ya que nada está plantado a este nivel. La densa flora que impregna el nivel intermedio de la casa está enraizada en el suelo o cae en cascada desde el jardín de la azotea.

> Mauricio: En el nivel principal de la casa estás en una posición que no es familiar en relación con los árboles. Sí, a menudo puedes ver árboles desde el interior de una casa cuando estás en un nivel superior, pero caminar entre ellos es diferente: estás literalmente en su fronda.

Mauricio abre las dos puertas corredizas de vidrio de la sala y de inmediato nos encontramos en una sala amplificada que incluye la piscina, el patio y las fachadas de los pabellones de invitados. Una malla irregular de enredaderas que caen desde arriba crea un primer plano verde enfrente de las ramas del ficus que se ven al fondo. Mauricio se da cuenta que el *Pandanus* que está al final de la piscina está produciendo fruto y nos dice que es una especie que nunca había visto antes y nos muestra los frutos que son más grandes que una piña.

La actividad en el nivel principal de la casa gira alrededor de la angosta y larga piscina del patio

are outside of the envelope. The architectural language is clear. Everything needs to float. You are continuously oriented towards the sky.

Standing on the roof we are in a garden planted with native grasses and dune vines that insulate the house from extreme heat. We inspect a large planting bed of grasses that has been invaded by two types of weeds. René says "They need to weed this." To which Mauricio responds "I like the weeds with the little flowers. They work here. But we can remove the others." From this highest vantage point one looks back down into the site as if into a deep ecosystem supporting human occupation and an exotic forest, the features of each collapsed upon each other in a rare and beautiful way.

As we left the site, we talked of a recent trip Mauricio and René had made to Mexico City, a frequent destination for them. As a birthday gift for Mauricio, René had arranged for private tours of Luis Barragán's projects in the capital.

René: Something that occurred to me from seeing Barragan's work is that our legacy is marked by our projects, our friendships, and our collaborations. Our path and the people we've taken that path with will leave an imprint. This is our mark. If you work with great people, and Mauricio is that for me, then why wouldn't you tell a client "this is the only person I would work with on this project"? Before, I was hesitant to do that. Barragan did that all the time with Clara Porset. She always worked on his furnishings. You walk through his projects, and you can see how amazing the furniture is and realize how this harmony is a direct result of their obviously close relationship which evolved over time. The knee jerk reaction is "didn't he know anyone else?" but there is nothing wrong with perfecting

central. La piscina, a su vez, casi besa partes de la casa, mientras que la superficie del agua se mantiene al mismo nivel del piso interior y de los pasillos exteriores.

Mauricio: La piscina es muy acogedora, es como una gran bañera comunitaria. Además, crea un evento especial en el jardín inferior a medida que el agua se desborda y cae en forma de cascada a lo largo de sus paredes de soporte. No es común poder estacionar tu auto en un jardín, especialmente al lado de una cascada.

FIRMAMENTO

René: Una de las ideas importantes del diseño es que parezca que todo está flotando, es como una caja donde las solapas no se cierran. Además, las columnas estructurales están localizadas por fuera de la envoltura del edificio, creando un lenguaje arquitectónico claro: todo elemento de la construcción debe flotar para orientar el usuario continuamente hacia el firmamento.

Al subir a la azotea nos encontramos en otro jardín, que está plantado con hierbas nativas y enredaderas de duna que aíslan la casa del calor extremo. Inspeccionando las hierbas, nos damos cuenta de que han sido invadidas por dos tipos de maleza. René dice: "Deben ser eliminadas", mientras que Mauricio responde: "Me gustan las que tienen florecillas, se ven bien aquí, pero podemos eliminar las demás". Desde este punto, el más alto de la propiedad, uno puede ver el lote abajo como si fuera un profundo ecosistema que sustenta la vida humana junto a un bosque exótico. Pereciera que los componentes de cada uno colapsaron, uno sobre el otro, de manera rara y hermosa.

Al salir del lote, hablamos de un viaje reciente que Mauricio y René habían hecho a la Ciudad

rhythms of work and collaborations. There is value in not reinventing but instead perfecting the wheel.

Mauricio: All the great masters had their collaborators. Le Corbusier had that. He worked with a core group of people. He knew he was so much better because he had the support of these people.

René: Precisely. We speak the same language.

Edited by Robert Furnas Nichols

de México, la cual visitan frecuentemente. René había organizado recorridos privados por los proyectos de Luis Barragán en la capital mexicana como regalo de cumpleaños para Mauricio.

René: Algo que se me ocurrió al ver el trabajo de Barragán es que nuestro legado está marcado por nuestros proyectos, nuestras amistades y nuestras colaboraciones de trabajo. Nuestro camino y las personas con las que lo recorremos dejan una huella que es nuestra marca. Si trabajas con personas con las que compartes afinidades estéticas, Mauricio es para mí una de ellas. Entonces, ¿por qué no le dirías a un cliente: "ésta es la única persona con la que trabajaría en este proyecto"? Antes, dudaba en hacer esto. Barragán lo hacía constantemente con Clara Porset. Ella siempre diseñaba sus muebles. Cuando recorres los proyectos de Barragán puedes ver lo maravillosos que son los muebles, y te das cuenta de que la armonía entre la arquitectura y los muebles es el resultado directo de una relación profesional, obviamente cercana, que evolucionó con el tiempo. La manera inicial en la que una persona reacciona es: "¿Barragán no conocía a otro diseñador de muebles?", pero no tiene nada de malo perfeccionar ritmos y colaboraciones de trabajo. Hay mucho valor en no tratar de "reinventar la rueda", lo que debes hacer es perfeccionarla.

Mauricio: Todos los grandes maestros tuvieron sus colaboradores. Le Corbusier los tenía. Trabajó con un grupo esencial de personas que lo ayudaban y sabía que el apoyo de ese grupo de personas lo hacía mucho mejor diseñador.

René: Precisamente..., estamos hablando el mismo idioma.

Edición: Robert Furnas Nichols

PRAIRIE RESIDENCE

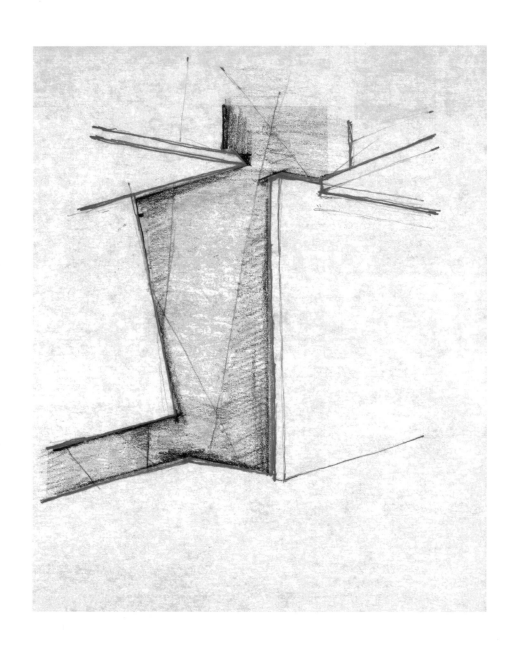

ENTRY STAIR   PRAIRIE RESIDENCE

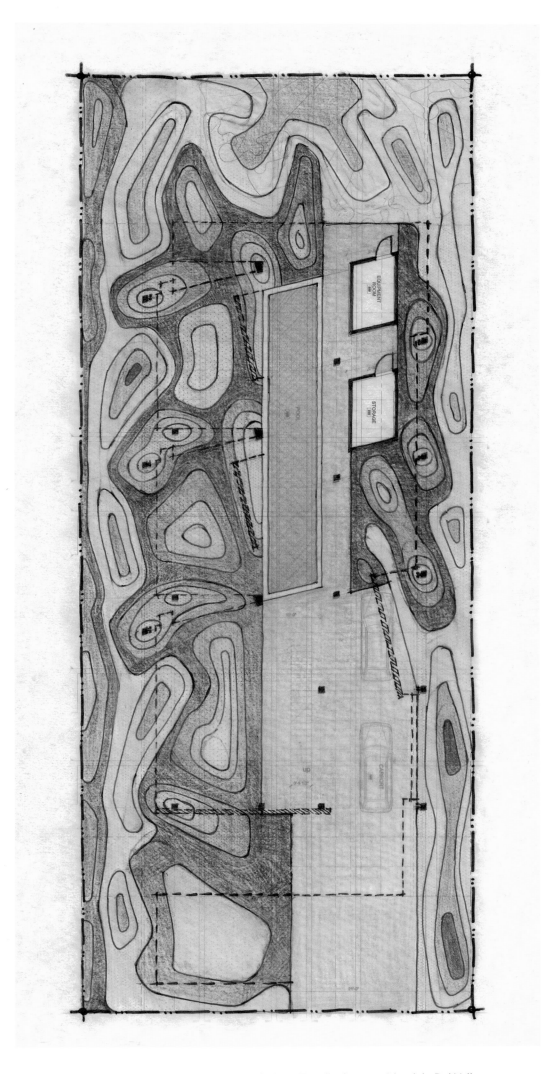

61   **Conceptual Grading Plan / Water Study by Mauricio Del Valle** · Plano conceptual de niveles / Estudio de agua. Mauricio Del Valle

Conceptual Grading Plan / Earth Study by Mauricio Del Valle · Plano conceptual de niveles / Estudio de tierra. Mauricio Del Valle

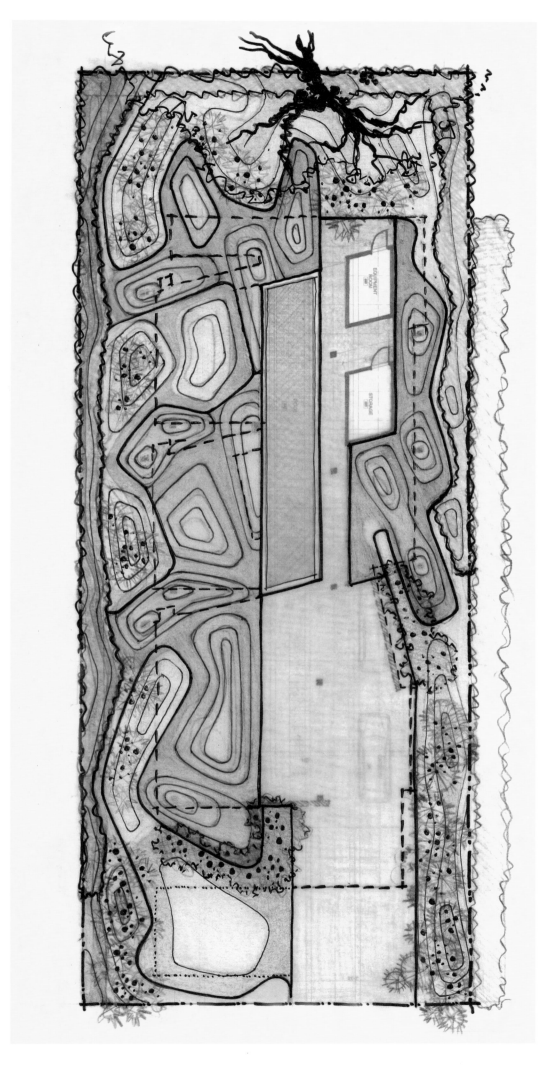

63   **Conceptual Grading Plan / Planting Study by Mauricio Del Valle** · Plano conceptual de niveles / Estudio de vegetación. Mauricio Del Valle

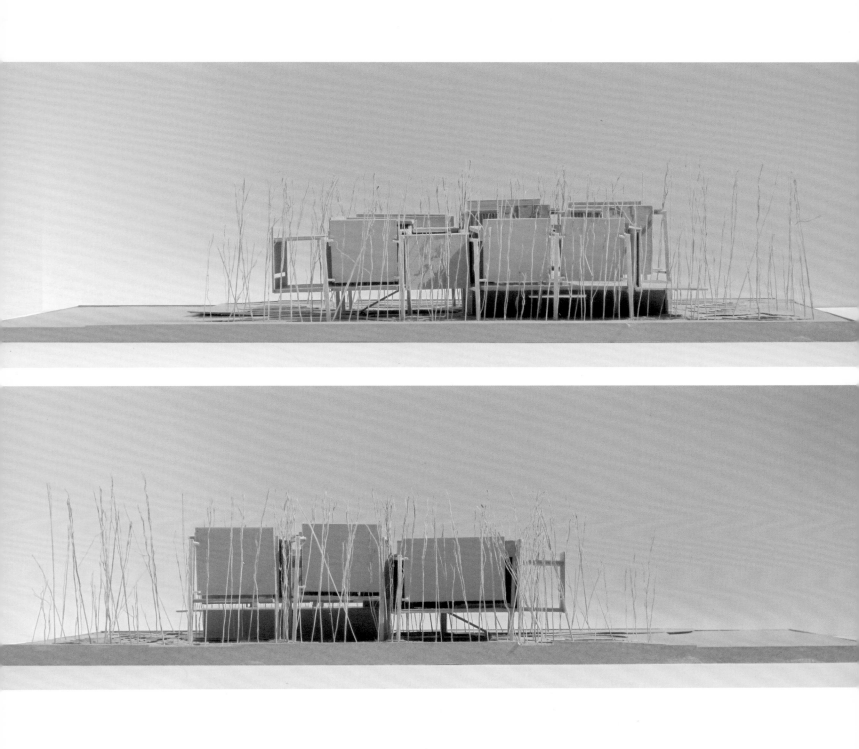

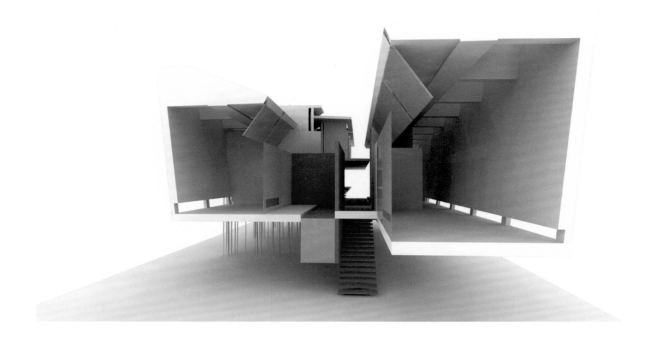

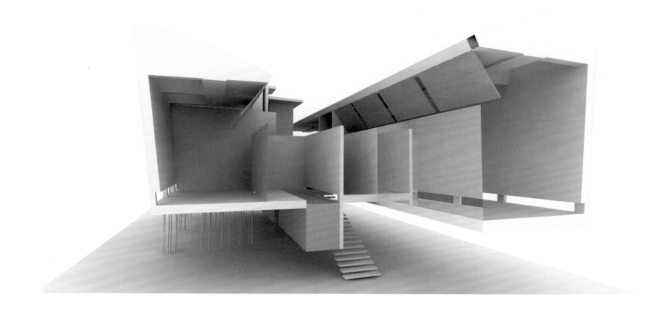

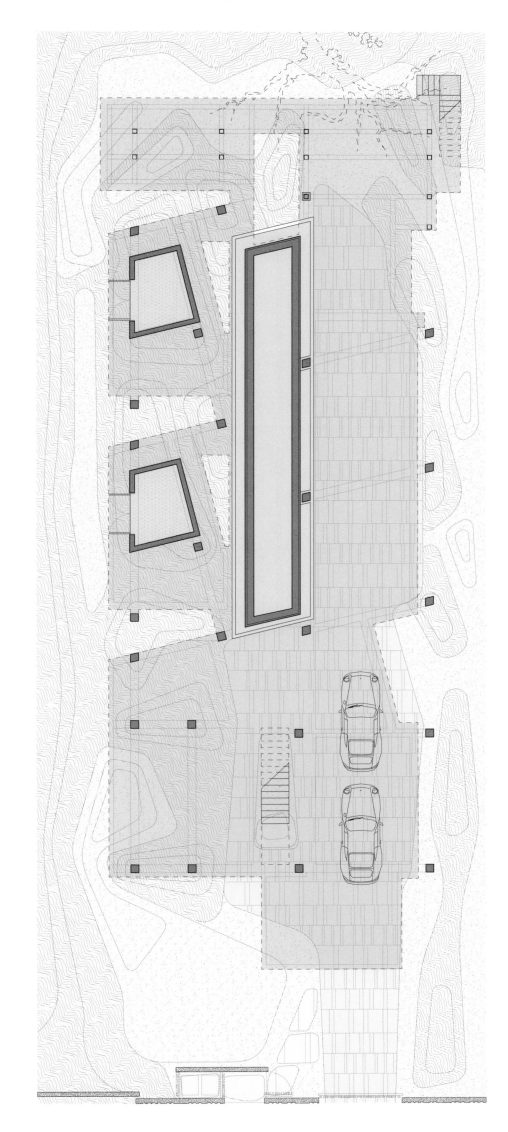

0   10 ft

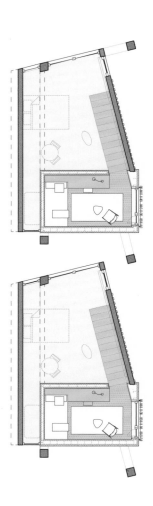

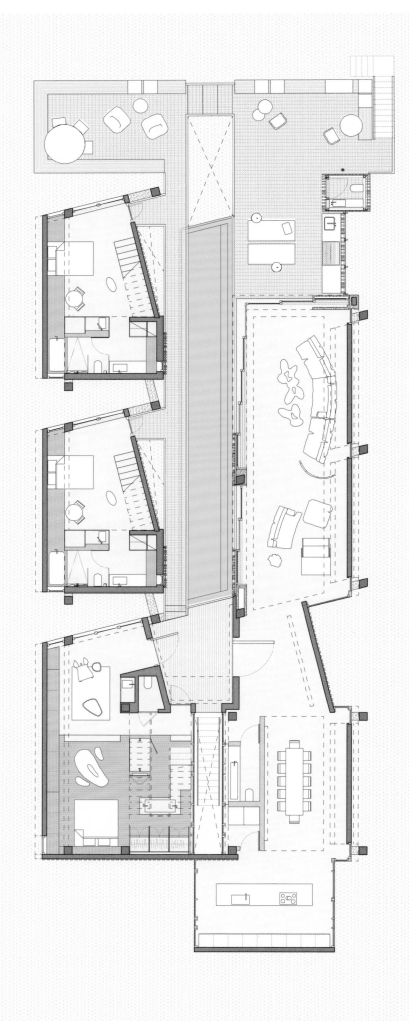

Mezzanine Loft Plan · Mezzanine   **First Floor Plan · Planta primer piso**

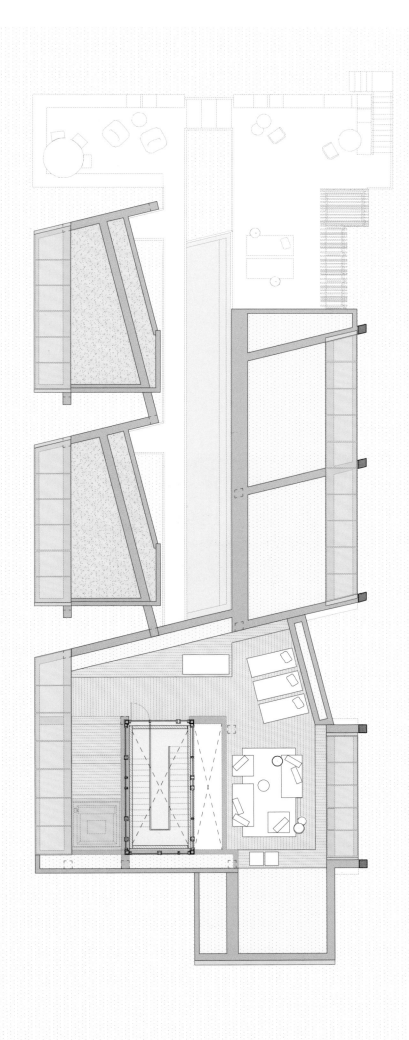

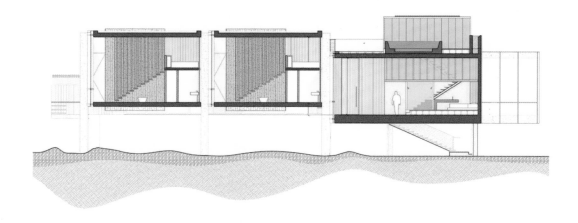

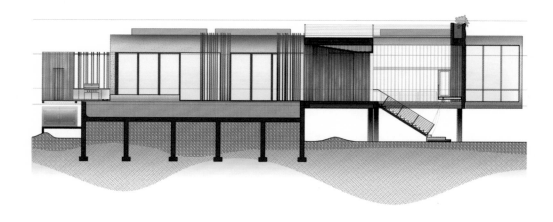

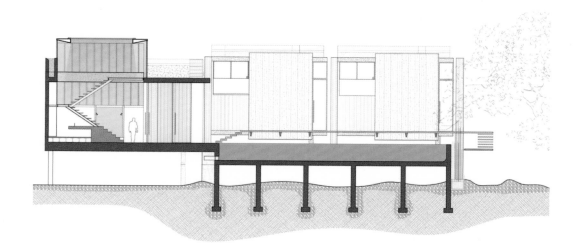

Sections · Secciones

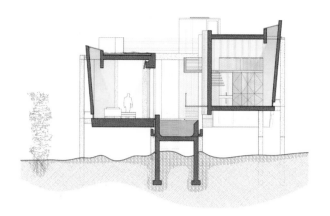

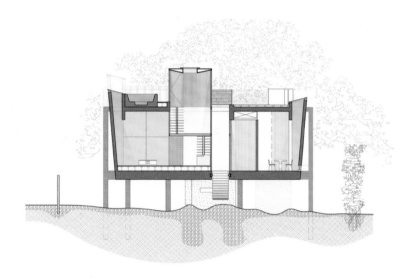

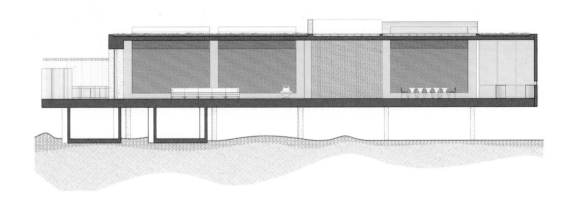

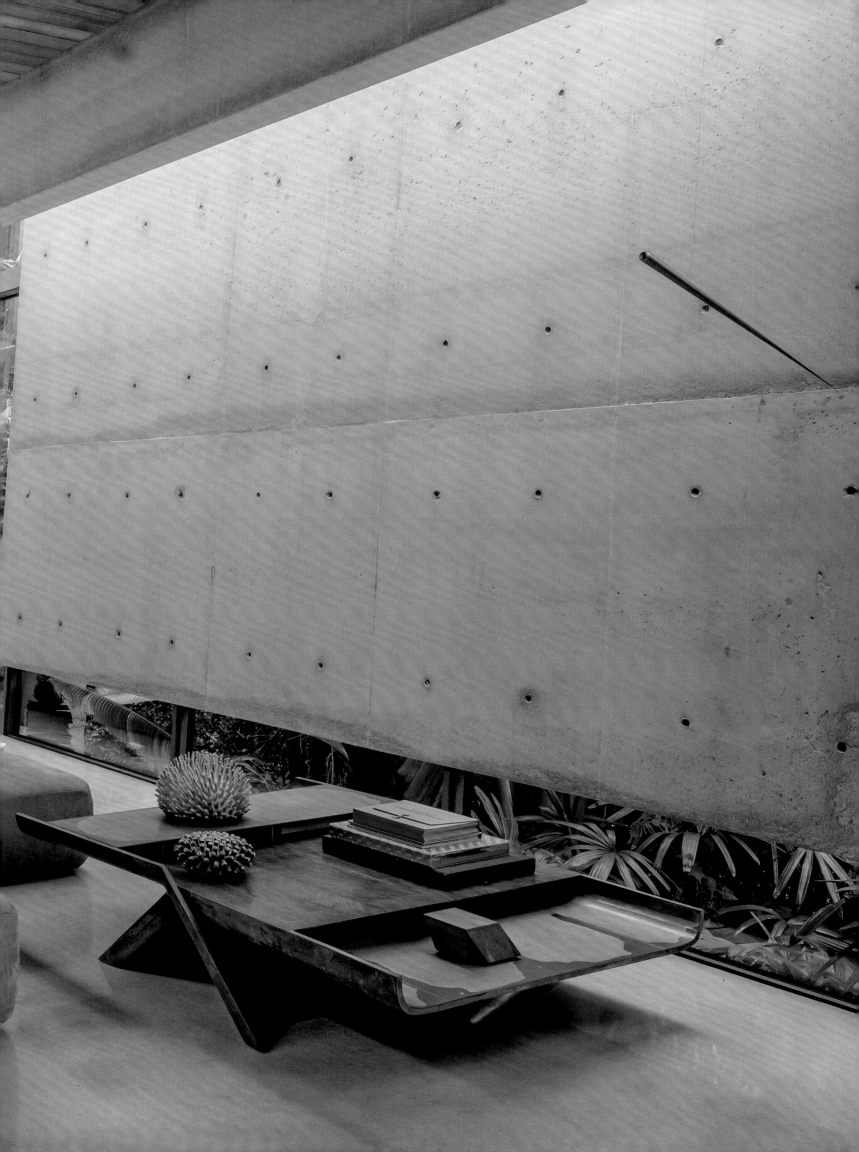

Acknowledgements

To make Architecture takes a very long time.
Years and years pass as designs are
developed, permitted, and constructed...
... many, many, many years.

As such, people come and people go.
Many hands have touched this project,
in my office and in the field.
Many have contributed to its success.
Many have provided their creativity.
Many have given their sweat, expertise,
and patience.
None more than Mónica Vázquez and Marcelo
García Ferrer who steadfastly helped steer
this project from day one.
It has been a long journey and I am grateful to
everyone who strived to ensure it remained
special to the end.
This publication is the culmination of our work
together and a celebration of our commitment
to design.

This house is now entrusted to my client Hany
Boutros. I can't think of anyone better to ensure
its longevity. May he enjoy it for life.

Agradecimientos

Hacer Arquitectura lleva mucho tiempo.
Años y años pasan mientras los proyectos son
desarrollados, autorizados y construidos...
... muchos, muchos, muchos años.

Mientras tanto, la gente viene y la gente se va.
Muchas manos han tocado este proyecto,
en mi oficina y en campo.
Muchos han contribuido a su éxito.
Muchos han aportado su creatividad.
Muchos han dado su sudor, experiencia
y paciencia.
Nadie más que Mónica Vázquez y Marcelo
García Ferrer, quienes ayudaron firmemente a
conducir este proyecto desde el día uno.
Ha sido un largo viaje y estoy agradecido con
todos los que se esforzaron para asegurarse de
que siguiera siendo especial hasta el final.
Esta publicación es la culminación de nuestro
trabajo conjunto y una celebración de nuestro
compromiso con el diseño.

Esta casa ahora está encomendada a mi cliente
Hany Boutros. No puedo pensar en nadie mejor
para asegurar su longevidad. Que la disfrute
de por vida.

—René González

About the authors

RENÉ GONZÁLEZ

René González believes that architecture should be a sensory experience. His work is based on the idea that buildings and spaces have a profound impact and should be designed to leave lasting, positive impressions. Tactile, experiential, and holistic, his work demonstrates a belief in the inseparable connection between nature and architecture, creating spaces that are both fully integrated and in harmony with their environment. He seeks to distill the essence of a place by interpreting patterns, ideas, and cultural conditions rather than stylized architectural typologies or forms. The heightened experiential quality in his work is achieved through the manipulation of spaces, materials, and our perception of them. Materials, often used in unexpected ways, and the composition of diverse textures in the work take on a primary role to reveal the potential of architecture to be sensuous, emotional, and inspiring.

He founded his firm, Rene Gonzalez Architects in 1997 and has since received a number of prestigious awards, including two National American Institute of Architecture Awards. González is the only architect in more than 60 years to be honored twice for projects in Miami, his adopted city. His firm's work has been featured in over 250 international, national and local publications including *The Wall Street Journal*, *The Financial Times*, *Architectural Digest* and *Wallpaper*. In July 2018, Monacelli published their first monograph entitled, *Rene Gonzalez Architects: Not Lost in Translation*.

Acerca de los autores

RENÉ GONZÁLEZ

René González cree que la arquitectura debe ser una experiencia sensorial. Su trabajo está basado en la idea de que los edificios y los espacios tienen un profundo impacto, y deben ser diseñados para dejar experiencias positivas y duraderas. Táctil, experiencial y holístico, su trabajo demuestra una convicción en la conexión inseparable entre la naturaleza y la arquitectura, creando espacios que están completamente integrados y en armonía con su entorno. René busca destilar la esencia de un lugar mediante la interpretación de patrones, ideas y condiciones culturales en lugar de tipologías o formas arquitectónicas estilizadas. La calidad experiencial exaltada en su trabajo se logra a través de la manipulación de espacios y materiales, y de nuestra percepción de éstos. Los materiales, a menudo utilizados de formas inesperadas, y la composición de diversas texturas en su trabajo, asumen un rol principal que revela el potencial de la arquitectura para ser sensual, emocional e inspiradora.

Rene Gonzalez Architects se fundó en 1997 y, desde entonces, ha recibido numerosos reconocimientos que incluyen dos premios del National American Institute of Architecture. René González es el único arquitecto en más de 60 años que ha sido distinguido dos veces por proyectos localizados en Miami, su ciudad adoptiva. El trabajo de RGA ha sido presentado en más de 250 publicaciones internacionales, nacionales y locales, incluidas *The Wall Street Journal*, *The Financial Times, Architectural Digest* y *Wallpaper*. En julio de 2018, Monacelli Press publicó su primera monografía titulada *Rene Gonzalez Architects: Not Lost in Translation*.

The firm's work includes museum, gallery spaces, hospitality, and retail as well as award-winning residential projects. RGA is known for its interdisciplinary approach which combines architecture, interior architecture, landscape design and product design to create cohesive and integrative projects.

René is especially attuned to environmental issues that are affecting the world, and which will drastically alter design practice in the coming years. RGA continues to receive widespread attention for its efforts to respond to these emerging conditions and these projects reveal his commitment to embrace and celebrate the environment in the projects that the firm creates. The Prairie Avenue Residence in Miami Beach, an elevated house designed to address the various challenges of sea-level rise was featured In *The New York Times* and the BBC miniseries *The World's Most Extraordinary Homes*.

René also has a profound commitment to his community and has contributed key exhibition projects such as the third installation of the RED Auction which raised over 10 million dollars, with matching funds from the Bill & Melinda Gates Foundation, to support the fight against AIDS. RGA partnered with Diller Scofidio + Renfro to co-design the competition entry for the Pulse Memorial and Museum in Orlando to create a safe and joyful space for their LGBTQ colleagues to return and honor those precious lives lost.

René has lectured and taught architecture and design at UCLA, University of Virginia, University of Florida, University of Miami, Florida International University, Universidad San Francsico de Ecuador, and Universidad Central de Venezuela. He holds a Master of Architecture degree from UCLA and a Bachelor of Design Degree from the University of Florida.

El trabajo del estudio incluye museos, galerías, hoteles y espacios comerciales, así como proyectos residenciales que han sido premiados. Rene Gonzalez Architects es conocido por su aproximación interdisciplinaria que combina arquitectura, arquitectura de interiores, diseño del paisaje y y diseño de producto para crear proyectos integrales.

René González está especialmente atento a los problemas ambientales que afectan al mundo y que alterarán drásticamente en los próximos años la práctica del diseño. RGA continúa recibiendo una amplia atención por sus esfuerzos para responder a estas condiciones emergentes y sus proyectos revelan el compromiso de abrazar y celebrar el medioambiente. La residencia de Prairie Avenue, en Miami Beach, diseñada para abordar los diversos desafíos del aumento del nivel del mar, se presentó en *The New York Times* y en la miniserie de la *BBC The World's Most Extraordinary Homes*.

René tiene también un profundo compromiso con su comunidad y ha contribuido en proyectos clave de exhibición, como la tercera instalación de la Subasta (RED), que recaudó más de 10 millones de dólares, con fondos equivalentes de la Bill & Melinda Gates Foundation, para apoyar la lucha contra el SIDA. RGA se asoció con Diller Scofidio + Renfro para el concurso del diseño del Pulse Memorial and Museum en Orlando, para crear un espacio seguro y alegre para que sus colegas LGBTQ regresen y honren esas preciosas vidas perdidas.

René González ha dado conferencias y enseñado arquitectura y diseño en la Universidad de California en Los Ángeles (UCLA), la Universidad de Virginia, la Universidad de Florida, la Universidad de Miami y la Universidad Internacional de Florida en Estados Unidos, además de la Universidad San Francisco en Ecuador y la Universidad Central de Venezuela. Tiene una Licenciatura en Diseño de la Universidad de Florida y una Maestría en Arquitectura de la UCLA.

MAURICIO DEL VALLE

Mauricio Del Valle, Principal of Mauricio Del Valle Design, Inc. knew from an early age that he had a deep desire to work in a creative field that involved the natural environment. He achieved his Bachelor of Design in Architectural Studies, graduating Summa Cum Laude from Florida International University, and worked with multiple esteemed design practices including Rene Gonzalez Architects and Patrick Kennedy, Inc. It was his tenure working for world-renowned landscape architect, Raymond Jungles, however, that allowed him to fulfill his true passion by merging his love of architecture and landscape architecture to integrate the built environment with the natural world. In 2010, he founded his own boutique landscape studio, specializing in residential projects nationally. His work has appeared in multiple international, national and local publications such as *Wallpaper*, *Casa & Estilo*, and *The New York Times*. The firm's philosophy is grounded in the fervent belief that great design is not about a particular style, it is about finding the right solutions for each site's specific challenges. Mauricio believes each project comes with a distinctive set of constraints, natural conditions and desires which must be addressed in endlessly unique, personal, and creative ways to provide the right aesthetic, functional and spatial strategies.

MICHAEL STAVARIDIS

A lifelong cinephile, Michael Stavaridis has honed his visual language first as a film student at Boston University, inspired by the richly detailed set design of filmmakers like Stanley Kubrick and David Lynch, where every frame revealed something new. He later worked in New York City directing and editing music videos and live concerts before transitioning to design photography. Now based between Boston and Miami, he brings the same animated

MAURICIO DEL VALLE

Mauricio Del Valle, director de Mauricio Del Valle Design, Inc. supo desde temprana edad que tenía un profundo deseo de trabajar en un campo creativo que involucrara el medio ambiente natural. Obtuvo su licenciatura en Diseño en Estudios Arquitectónicos, graduándose *Summa Cum Laude* de la Universidad Internacional de Florida, y trabajó con múltiples prácticas de diseño de prestigio, incluidas Rene Gonzalez Architects y Patrick Kennedy, Inc. Trabajó para el arquitecto paisajista de renombre mundial, Raymond Jungles, lo que le permitió cumplir su verdadera pasión al fusionar su amor por la arquitectura y la arquitectura del paisaje, para integrar el entorno construido con el mundo natural. En 2010, fundó su propio estudio-*boutique* de paisajismo, especializándose en proyectos residenciales a nivel nacional. Su trabajo ha aparecido en múltiples publicaciones internacionales, nacionales y locales como *Wallpaper*, *Casa & Estilo* y *The New York Times*. La filosofía de su firma se basa en la ferviente creencia de que un gran diseño no se trata de un estilo en particular, sino de encontrar las soluciones adecuadas para los desafíos específicos de cada sitio. Mauricio cree que cada proyecto viene con un conjunto distintivo de restricciones, condiciones naturales y deseos que deben abordarse de maneras infinitamente únicas, personales y creativas para proporcionar las estrategias estéticas, funcionales y espaciales correctas.

MICHAEL STAVARIDIS

Un cinéfilo de toda la vida, Michael Stavaridis perfeccionó su lenguaje visual primero como estudiante de cine en la Universidad de Boston, inspirado por el rico diseño detallado de cineastas como Stanley Kubrick y David Lynch, donde cada fotograma revelaba algo nuevo. Más tarde trabajó en la ciudad de Nueva York, dirigiendo y editando videos musicales y conciertos en vivo antes de pasar a la fotografía de diseño. Ahora radica entre Boston y Miami, donde aporta la misma energía animada a todos sus

energy into all his projects, incorporating hand-held techniques as well as more formal ones to convey a sense of movement and atmosphere. For every space he captures, "I always try to find that point of departure that transports you into the experience of being there."

CECILIA HERNÁNDEZ NICHOLS

Cecilia Hernández Nichols has over forty years of experience working in architecture and is responsible for the design of Formwork's projects which vary widely in scale, type, and context. Cecilia earned a Master of Architecture degree from the University of California, Berkeley and a Bachelor of Arts Degree in Design of the Environment from the University of Pennsylvania. Her previous experience includes a partnership with René González in Design Associates, Miami and a partnership with Margaret Ikeda and Evan Jones in Assembly, a design-build practice in Berkeley, California. Cecilia has taught design studies at the University of Virginia's School of Architecture and at Florida International University as a lecturer. Her design work focuses on creating beauty from the natural patterns of our behavior, a desire to distort the boundaries between indoor and outdoor spaces, an interest in exploiting craft and an understanding of the inherent sensual qualities of materials. Cecilia has an abiding faith in the power of strong architectural ideals to transform our lives for the better.

CHARLES RENFRO

Charles Renfro joined Diller Scofidio + Renfro (DS+R) in 1997 and became a Partner in 2004. He led the design and construction of the studio's first concert hall outside of the US (the Tianjin Juilliard School in China) as well as the studio's first public park outside of the US (the Zaryadye Park in Moscow). Charles has

proyectos, incorporando técnicas manuales y otras más tecnológicas para transmitir una sensación de movimiento y atmósfera. Él afirma que, para cada espacio que captura, "siempre trato de encontrar ese punto de origen que te transporta a la experiencia de estar allí".

CECILIA HERNÁNDEZ NICHOLS

Cecilia Hernández Nichols tiene más de 40 años de experiencia trabajando en arquitectura y es responsable del diseño de los proyectos del estudio Formwork Architecture, que varían ampliamente en escala, tipo y contexto. Cecilia obtuvo una Maestría en Arquitectura de la Universidad de California, Berkeley y una Licenciatura en Artes en Diseño del Medio Ambiente de la Universidad de Pensilvania. Su experiencia previa incluye una sociedad con René González en Design Associates, Miami y una sociedad con Margaret Ikeda y Evan Jones en Assembly, una práctica de diseño y construcción en Berkeley, California. Cecilia ha impartido clases de diseño en la Escuela de Arquitectura de la Universidad de Virginia y en la Universidad Internacional de Florida como conferencista. Su trabajo de diseño se centra en crear belleza a partir de los patrones naturales de nuestro comportamiento, un deseo de distorsionar los límites entre los espacios interiores y exteriores, un interés en explotar la artesanía y una comprensión de las cualidades sensuales inherentes de los materiales. Cecilia tiene una fe permanente en el poder de los ideales arquitectónicos que sirven para transformar nuestras vidas para bien.

CHARLES RENFRO

Charles Renfro se incorporó a Diller Scofidio + Renfro (DS+R) en 1997 y se convirtió en socio en 2004. Dirigió el diseño y la construcción de la primera sala de conciertos del estudio fuera de los Estados Unidos —la Tianjin Juilliard School (TJS) en China— y el primer parque público fuera de los Estados Unidos. —Parque Zaryadye en Moscú—.

also led the design of much of DS+R's academic portfolio, with projects completed at Stanford University, UC Berkeley, Brown University, the University of Chicago, and the recently completed Columbia Business School. Charles is also leading the design of two projects in his native Texas: the renovation of Frank Lloyd Wright's Kalita Humphreys Theater in Dallas, and Sarofim Hall, a new home for Rice University's Visual Arts department in Houston. Charles is the Co-President of BOFFO, a nonprofit organization that supports the work of queer LGBTQ+ BIPOC artists and designers and has twice been recognized with the Out100 list. He is a faculty member of the School of Visual Arts.

Charles también ha liderado el diseño de gran parte del portafolio académico de DS+R, con proyectos completados en la Universidad de Stanford, la Universidad de California, Berkeley, la Universidad de Brown, la Universidad de Chicago y la Escuela de Negocios de Columbia recientemente terminada. Charles también lidera el diseño de dos proyectos en su Texas natal: la renovación del Teatro Kalita Humphreys de Frank Lloyd Wright en Dallas y el Sarofim Hall, un nuevo hogar para el departamento de Artes Visuales de la Universidad de Rice en Houston. Charles es el copresidente de BOFFO, una organización sin fines de lucro que apoya el trabajo de artistas y diseñadores queer, llamada LGBTQ+ BIPOC y ha sido reconocida dos veces en la lista Out100. Es miembro de la facultad de la Escuela de Artes Visuales.

Rene Gonzalez Architects is always grateful to have professional colleagues and partners who strive for the same standards of excellence that we pursue. We would like to particularly recognize Mayi de la Vega, Daniel de la Vega and Anna Sherrill at One Sotheby's Realty for their early and unwavering support for this project.

Rene Gonzalez Architects siempre agradece tener colegas y socios profesionales que se esfuerzan por alcanzar los mismos estándares de excelencia que nosotros perseguimos. Nos gustaría reconocer especialmente a Mayi de la Vega, Daniel de la Vega y Anna Sherrill de One Sotheby's Realty por su apoyo inquebrantable desde el inicio de este proyecto.

Not the Little House on the Prairie
(No) la pequeña casa en la pradera

First edition · Primera edición, 2023
ISBN 978-607-8880-06-5

© Arquine, SA de CV
Ámsterdam 163 A
Colonia Hipódromo, 06100
Ciudad de México
arquine.com

Texts · Textos
© Cecilia Hernández Nichols
© Charles Renfro

Photographs · Fotografías
© Michael Stavaridis

Director and editor · Dirección y edición
Miquel Adrià

Editorial Director · Dirección editorial
Brenda Soto Suárez

Editorial Assistant · Asistencia editorial
Karina Reyes

Translation · Traducción
Alejandro Hernández Gálvez

Copy Editing · Corrección de estilo
Quentin Pope, Christian Mendoza

Design · Diseño
Cristina Paoli · Periferia

Not the Little House on the Prairie was printed and bound in January 2023 by ShenZhen TianHong Printing Co., Ltd. in China. It was printed on 80 gsm Enso Classic and 148 gsm Kinmari Matt Art papers and set in typefaces of the Circular family. The print run was 1,500 copies.

(No) la pequeña casa en la pradera fue impreso y encuadernado en enero de 2023 en ShenZhen TianHong Printing Co., Ltd., en China. Fue impreso en los papeles Enso Classic de 80 g y Kinmari Matt Art de 148 g. Para su composición se utilizó la familia tipográfica Circular. El tiraje consta de 1,500 ejemplares.